Ganz neue Verse für das Poesiealbum

Ich sitze da und denk an Dich,
geschrieben hab ich keinen Strich.
ich denk an Dich und sitz nur da,
das Blatt bleibt leer - oder fast beinah.

Fritz Juppe ✎ Gerald Drews

Ganz neue

Verse für das Poesiealbum.

Augustus Verlag

Die Autoren

FRITZ JUPPE ist Jurist und hat 15 Jahre als Anwalt gearbeitet. Dies ist sein erstes Buch, entstanden aus Liebe zu – und in Zusammenarbeit mit – seinen beiden Kindern.

GERALD DREWS ist einem breiten Publikum als Autor von witzig-informativen Ratgebern bekannt.

Die Deutsche Bibliothek – CIP-Einheitsaufnahme

Juppe, Fritz :

Ganz neue Verse für das Poesiealbum / Fritz Juppe ; Gerald Drews. – Augsburg : Augustus-Verl., 1995
ISBN 3-8043-3013-4

Augustus Verlag, Augsburg

Redaktion: Dr. Marianne Jabs
Umschlaggestaltung: Ruth Gnosa, Hannover,
unter Verwendung eines Fotos von Charlotte Kik,
Hannover
Satz: DTP, Augustus Verlag
Reproduktionen: e + r Repro GmbH, Donauwörth
Druck und Bindung: Ebner Ulm
Printed in Germany
ISBN 3-8043-3013-4

Inhaltsverzeichnis

1

Du bist doch meine Freundin
Freundschaft von Mädchen ______ 9

2

Old Shatterhand und Winnetou
Freundschaft von Jungen ______ 19

3

Topp – die Wette gilt!
Wett-Gedichte ______ 25

4

Ich mal' Dir einen Traum
Verse, zu denen man malen kann ______ 29

5

Und wer noch keine Lösung hat …
Rätsel-Gedichte ______ 33

6

Als Deine Tante freu' ich mich
Was Verwandte gern einschreiben ______ 37

7

Macht dich mal die Schule krank
Verse um Lehrer und Schule ______ 45

8

Das wird nur ein Schüttelreim
Schüttelreime ______ 55

9

Ein Limerick klingt immer schick
Limericks ______ 57

10

Bei mir ist es zum Weinen ...
Verse für die, die nicht dichten können ______ 63

11

Wie dich, da müßt' es viele geben
Probleme unserer Zeit ______ 67

12

Es sind oft die kleinen Dinge
Ernste Gedichte ______ 71

13

Das Nichtstun ist doch dämlich
Die tollen Typen um uns herum ______ 75

14

Andy vor – noch ein Tor!
Sport-Gedichte ______ 81

15

... und viele Verse von Kindern
selbst gedichtet oder ausgewählt ______ 85

Vorwort

Schon unsere Urgroßmütter hatten ein Poesiealbum. Es war in Leder gebunden, und sie waren sehr stolz darauf.
Damals spielte die »Kalligraphie«, also die Schriftform, eine wichtige Rolle.
Im Zeitalter des Computers hat sich da einiges geändert.
Auch Jungs haben heute ein Poesiealbum; und die Sprache ist einerseits nüchterner, andererseits lockerer geworden.

Darum haben wir erkannt:
Neue Verse braucht das Land!

Fritz Juppe hat die Verse in diesem Buch geschrieben.
Die Redaktion lag in den bewährten Händen von Gerald Drews.
Die Nürnberger Jugendzeitschrift *Stafette* hat in Zusammenarbeit mit dem Augustus Verlag ihre jungen Leser aufgefordert, die schönsten selbstgedichteten oder -gefundenen Verse für das »Poesiealbum« zu schicken.
Die Einsendung der 100 Preisträger und viele Kinderzeichnungen wurden in dieses Buch aufgenommen.

Diese Verse fürs Poesiealbum
widme ich meinen Kindern

Patricia & Thomas

1.

Du bist doch meine Freundin

Freundschaft
von
Mädchen

Freundschaft ist ein schönes Wort,
Doch mußt Du sie auch pflegen.
Denn sonst ist Deine Freundin fort,
Und Du stehst dann im Regen.

Ich schreibe in Dein Album rein:
Ich werde Deine Freundin sein
Auf ewig und drei Tag,
Solang die Sterne stehn.
Weil ich Dich halt so mag
Und wir uns gut versteh'n

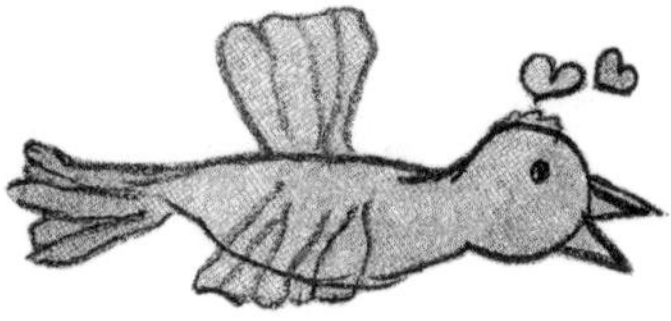

Wir blödeln und wir lachen
Und machen dumme Sachen,
Weil uns das Leben so erfreut.
Und ganz besonders heut'.

Hast Du alles gründlich satt
Und denkst, jeder walzt Dich platt –
Mensch, Du solltest mich doch kennen,
Ich laß' Dich bestimmt nicht hängen.

*

Du sitzt in meiner Klasse
Und wohnst im Nachbarhaus,
Bist keine trübe Tasse
Wie schaut's mit Freundschaft aus?

Solange wir die Sterne seh'n
Und sich die Erde dreht,
Werden wir uns gut versteh'n
Weil uns sonst etwas fehlt.

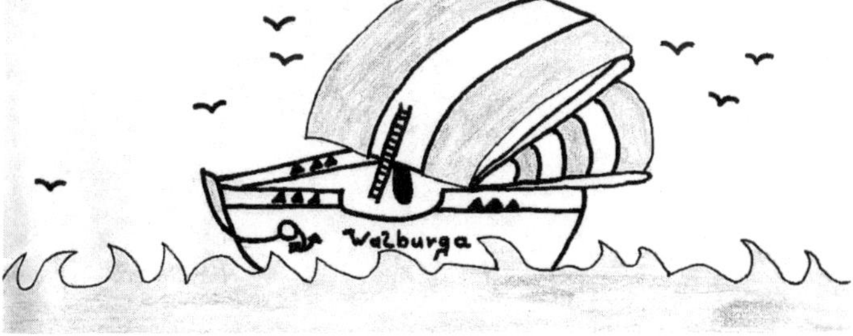

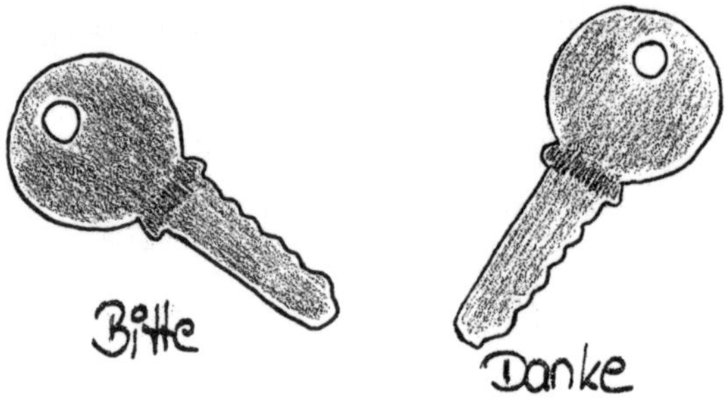

Sind alle Türen Dir verschlossen,
Dann klopfe bei mir an.
Bei mir ist immer für Dich offen,
Dann packen wir es an.

Hast Du mal die Krise,
Dann ruf mich einfach an.
Ich bin zwar auch kein Riese,
Doch tu' ich, was ich kann.

Ob Deutsch, Geschichte, die Physik,
Egal, wo es auch kracht –
Gemeinsam geht's durch dünn und dick,
Das wäre doch gelacht!

Solltest Du mal gut drauf sein
Und Dir fällt nichts Bess're ein,
Komm in meinen Garten,
Ich werd' dort auf Dich warten.

Irena

Ich bin wirklich von den Socken,
Du hast wunderschöne Locken!
Bei mir steh'n nur die Zotteln ab –
Gib mir doch eine Locke ab!

Will Dir das Leben
mal Kummer
bereiten,
Denk dran –
ich werde Dich
immer begleiten!

Ist bei Dir der Ofen aus
Und weißt Du nicht mehr ein noch aus –
Egal bei welchem Kummer:
Hier hast Du meine Nummer!

....

Bist Du mal wirklich down,
Dann gib doch nicht gleich auf!
Geh in die Disco – Jungs anschau'n.
Und Du bist wieder drauf.

Solange sich die Welt wird dreh'n,
Wollen wir uns gut versteh'n.
Wenn sie sich mal nicht mehr dreht,
Schau'n wir mal, wie's weitergeht.

Ich wünsch' Dir viel Glück und Geld,
Daß Du rumkommst in der Welt.
Vielleicht wirst Du ein Star!
Das wär' doch wunderbar!

Diese Zeilen sind für Dich,
Denn Du kannst mich versteh'n.
Du hast wie ich Probleme,
Die and're gar nicht seh'n.

Mit Dir kann ich bereden,
Auch was mich traurig macht.
Doch wenn ich's recht bedenke,
Haben wir auch oft gelacht.

Das ist es ja gerade,
Was uns zusammenhält.
Du bist doch meine Freundin,
Die beste auf der Welt!

Zum Andenken!

Weißt Du einen netten Spruch.
Schreibe ihn in dieses Buch.
Pfleg das Buch, als wär' es Dein.
Dann will ich Deine Freundin sein.

Im Jahre
zweitausendundzehn
Woll'n wir
vor der Schule steh'n,
Und jede bringt
dann ihr Album mit –
Das wäre doch
der Superhit!

Geht es Dir einmal schlecht
Und ist Dir gar nichts recht,
Dann schau in Dein Album rein
Und lies einfach meinen Reim.

(Dann fällt Dir uns're Freundschaft ein.)

Wenn jeder Strick zerreißt,
Dann hoff' ich, daß Du weißt:
Ich bin immer für Dich da!
Das ist doch sonnenklar.

2.

Old Shatterhand und Winnetou

Freundschaft
von
Jungen

Old Shatterhand und Winnetou,
Die zwei kennt jedes Kind.
Ich find' sie toll, genau wie Du,
Weil wir auch Freunde sind.

Wir treten füreinander ein,
Verstehen uns fast blind.
Wir werden niemals einsam sein,
Weil wir halt Freunde sind.

Drum will ich in Dein Album schreiben
Mit roter Schrift wie Blut:
»Wir wollen immer Freunde bleiben« –
Denn dann wird alles gut.

Tyrannosaurus soll Dich fressen,
Solltest Du mich je vergessen.
Doch das trifft hoffentlich nie ein,
Denn wir woll'n immer Freunde sein.

*

Laß Dir den Wind
Um die Nase weh'n,
Und geh bis ans
Ende der Welt.

Wir beide werden uns
auch noch versteh'n,
Wenn die Welt
Aus den Angeln fällt!

Die Mitte ist ein guter Ort
Für ein echtes Freundeswort:
Suche stets das rechte Maß,
Dann macht das Leben Spaß.

*

Wir wohnen in der gleichen Gasse
Und gehen in die gleiche Klasse,
Wenn das nicht Freundschaft macht,
Das wäre doch gelacht!

*

Mein lieber Klaus,
Du bist kein Graus.
Mach Dir nichts draus,
Mir macht's nichts aus.

HALO

Ich wünsche Dir 'nen Sack voll Geld
Und Freunde in der ganzen Welt,
Vom Kuchen stets das größte Stück,
Und in der Liebe immer Glück!

Mein Spruch:

Damit Du mich auch nie vergißt,
Schreib' ich mich bei Dir ein.
Denn eines weiß ich ganz gewiß,
Wir wollen immer Freunde sein.

*

Wir kämpfen beide Tag für Tag,
So mutig wie die Tiger.
Wir fürchten keinen Schicksalsschlag
Und schwören immer wieder:

Ob Bio, Geo, Algebra,
Egal wo es auch kracht –
Wir sind stets füreinander da,
Das wäre doch gelacht!

Jetzt hör mir einmal zu:
Mein bester Freund bist Du!
Und kommt Dir einer dumm,
Den hau' ich einfach um.

*

Wenn es regnet, stürmt und schneit,
Dann ist es höchste Zeit,
In dem Album nachzulesen,
Was für Freunde wir gewesen.

Wenn Du fertig bist und fix,
Dann schreib doch an Miraculix
Und bitte ihn um seinen Trank –
Dann kriegst Du Schultern wie ein Schrank!

*

Du liest Karl May fast ohne End':
Mit Winnetou, Old Shatterhand
Sind die Apachenkrieger
Auch meistens klare Sieger.

Kennst Du Dich nicht mehr aus,
Dann komm zu mir nach Haus.
Wir reden dann von Mann zu Mann.
Ich tue, was ich kann.

*

Wir machen etwas aus:
Wir treffen uns vorm Haus,
Am besten doch bei Dir,
Im Jahr zweitausendvier.

Jeder bringt sein Album mit –
Bis dahin recht viel Glück!

*

Komm, zieh Deine Stacheln ein,
Wir wollen wieder Freunde sein.
Denn ohne Deine Fröhlichkeit
Mich 's ganze Leben nicht mehr freut.

3.

Topp – die Wette gilt!

Wett-Gedichte

Ich schreib' in meinen Reim
Mal was Besond'res rein.
Ich wette mit Dir:
Zweitausendundvier
Bin ich größer als Du,
Und zwar ohne Schuh!
Und sollt' ich der Verlierer sein,
Lad' ich Dich zur Pizza ein.

Topp – die Wette gilt:
Ich mal' von Dir ein Bild.
Wie schön Du in fünf Jahren bist
Und mancher junge Mann Dich küßt.

Der Einsatz ist ganz klar:
Wird dieses einmal wahr,
Lad' ich Dich zu McDonalds ein,
Denn sowas muß gefeiert sein.

Wetten, daß in fünfzehn Jahr'
Ich leb' in Hollywood?
Denn dann bin ich ein großer Star
Und mir geht's irre gut.

Ich spiele dann nur tolle Frau'n,
Mein Können wird gerühmt!
Naja, vielleicht ist's nur ein Traum –
Und Du wirst ganz berühmt!

*

Wetten, daß in fünfzehn Jahr'
Ich in Italien bin?
Denn dann bin ich ein Fußballstar,
Und spiele bei Turin!

Ich dribble dann auf engstem Raum
Die Gegenspieler aus.
Naja, vielleicht ist's nur ein Traum –
Und Du kriegst den Applaus!

Ich schreib' Dir klipp und klar:
In fünfundzwanzig Jahr'
Sind wir vielleicht ein Paar –
Wär' das nicht wunderbar?

4.

Ich mal' Dir einen Traum

Verse,
zu denen man
malen kann

Das Dichten liegt mir nicht gerade –
Ist das denn nicht jammerschade?
Doch das gleich' ich wieder aus
Und mal' Dir eine Mickey Mouse.

Ich male Dir jetzt in Dein Buch
Ein Bild der Phantasie,
Schreib' dazu diesen netten Spruch.
Das ist doch Poesie!

Ich mal' Dir einen Poltergeist,
Der Dich in die Wad'ln beißt,
Wenn es jemals soweit ist,
Daß Du mich vergißt!

*

Ich mal' Dir einen Traum,
Er ist aus buntem Schaum
Und ganz allein für Dich,
Sicher verstehst Du mich.

Wenn ich in Dein Album sehe,
Denke ich mir gleich: Oh wehe!
Tolle Reime steh'n da drin,
Sowas bring' ich niemals hin!

Drum male ich mein Lieblingsbild
Und hoffe, daß dies auch was gilt.
Mit vielen bunten Sachen!
Es soll Dir Freude machen.

		2, 10			6	11,	9, 19	5			3, 14
G	H	I	J	K	L	M	N	O	P	Q	R
		24			7	12	25				16

F Das ABC schreib' ich jetzt hin, U 18
E 21, 23 Denn da steckt ein Geheimnis drin. V
D Und was ich hier umkreis', W
C gibt mein Orakel preis. X
B Trag einfach nach den Nummern ein. Y
A Die Punkte sollen hilfreich sein. Z

22				1							
S	T	U	V	W	X	Y	Z	Ä	Ö	Ü	ß
				4							

Wir wollen immer Freunde sein.

Tut mir leid, ich kann nicht dichten,
Darum male ich Geschichten!
Im Comic mit fünf* Bildern
Kann ich Dir alles schildern.

** Die Zahl ist austauschbar*

5.

Und wer noch keine Lösung hat …

Rätsel-Gedichte

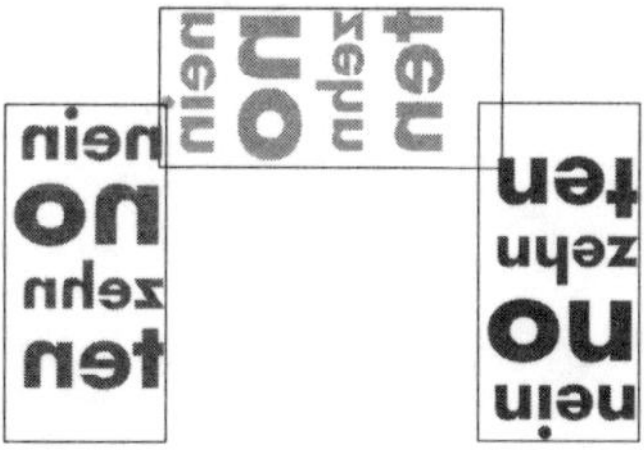

Man kann sie hören, kann sie seh'n.
Auf Englisch sage »Nein« und »Zehn«.
Nach ihnen bläst man auch die Tute,
Und Dir wünsch' ich davon nur gute!

Rätsel

Ich laufe stets um einen Punkt,
Doch nie gerade, immer rund.
Stets soll's der gleiche Abstand sein.
Am Ende hol' ich mich dann ein.

Ich mal' es auf Dein Blatt
Und klapp's zur Hälfte ein,
Und wer noch keine Lösung hat,
Der spitzelt halt kurz rein.

Kreis

Rätsel

Für Liebe und Spiel
Wünsch ich Dir viel,
Was so leicht bricht
wie Glas –
Na, weißt Du schon,
was?

Glück

Rätsel

Sie stammt aus einem Urlaubsland,
Wird leider heute oft verkannt,
Dabei ist allgemein bekannt:
Sie schärft besonders den Verstand.

Doch viele denken wie Asterix:
»Die Römer, die spinnen« und lernen nix.
Doch Du bist ja kein Taugenix,
Nein, Du bist clever und lernst sie fix!

Die lateinische Sprache

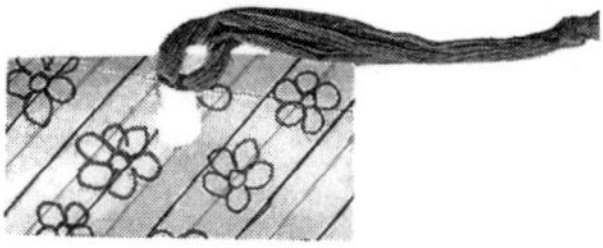

Rätsel

Sie ist ein Erbteil Deiner Mutter
Und ist Dir näher als Dein Hemd.
Geschaffen hat sie Martin Luther,
Doch leider ist sie Dir oft fremd.

Die Deutsche Sprache

Schon Jimmy wollte zu ihm geh'n.
Doch kann man ihn nur deutlich seh'n,
Wenn der Himmel weint
Und die Sonne scheint.

Von seinen Farben jeder träumt.
Wer ihn nie sah, hat viel versäumt!
Drum lade ich Dich herzlich ein:
Komm, such mit mir, was kann das sein?

Wenn Du die Lösung hast,
Dann mal ein Bild dazu!
Das ist ja keine Last,
Sowas schaffst Du im Nu.

Regenbogen

6.

Als Deine Tante freu' ich mich

Was Verwandte
gern
einschreiben

Die Großmutter schreibt:

Der Krieg hat viel zerstört.
Es war eine schreckliche Zeit.
Du hast davon gehört,
Jetzt ist's Vergangenheit.

Der Opa kam aus der Gefangenschaft,
Da herrschte noch große Not.
Wir haben es dann doch geschafft,
Es gab wieder Arbeit und Brot.

Das war mein Leben kurz gefaßt.
Ich schaue zufrieden zurück
Und hoffe, daß Du es leichter hast.
Ich wünsche Dir dazu viel Glück!

Der Großvater schreibt:

Als Opa soll ich weise sein,
Durch das Alter abgeklärt –
Drum schreib' ich in Dein Album rein,
Was all die Jahre mich gelehrt:

Mache Dir nicht zuviel Sorgen,
Ist die Nacht auch ohne Licht.
Denn es kommt ein heller Morgen –
Lebe stets mit Zuversicht!

Ein älterer Mensch kann schreiben:

Als man mir ins Album schrieb,
War auch die Schrift noch wichtig,
Doch das Wesentliche blieb,
Und ist auch heut' noch richtig:

Hoffe immer auf das Gute,
Vertrau dem Glauben, der Dich hält
Und gehe ran mit frischem Mute –
Dem Mutigen gehört die Welt!

Die Mutter schreibt:

Als Mutter kann ich es wohl wagen,
Ganz offen mein Gefühl zu zeigen,
Denn ich kann nur glücklich sagen
Und es in Dein Album schreiben:

»Wunderbar, daß es Dich gibt!«

Geschwisterliebe äußert sich so:

Du gehst mir manchmal auf den Geist,
Dann will ich Dich nicht seh'n.
Doch möcht' ich gerne, daß Du weißt:
Allein ist's auch nicht schön.

Die Tante schreibt:

Als Deine Tante freu ich mich,
Daß Du ein Album hast.
Denn ich glaub', ich hab' für Dich
Einen Reim, der paßt:

Ich bin mächtig stolz auf Dich,
Und deshalb sag' ich Dir:
Bleib so nett und ritterlich,
Denn so gefällst Du mir!

Ein großzügiger Onkel:

Wenn ich wie Onkel Dagobert
So reich und geizig wär,
Dann wäre das von wenig Wert,
Denn der gibt doch nichts her.

Doch gibt es da noch einen Herrn,
Den Onkel Donald Duck.
Der hat nicht viel, doch gibt er gern –
So wär' ich gern – good luck!

Der Vater gibt sich Mühe:

Als Vater hätt' ich wohl die Pflicht,
Was Ernstes einzutragen –
So ein getragenes Gedicht
Von Arbeit, Müh' und Plagen.

Und wie wir ohne Klagen
Mit Ordnung, Recht und Tapferkeit
Dies alles still ertragen –
Wenn nur der rechte Spruch bereit.

Doch danach steht mir nicht der Sinn.
Ich will was and'res machen.
Vielleicht, weil ich der Meinung bin,
Daß wir zuwenig lachen.

Drum zeichne ich ein Bild von mir
Mit Punkt, Punkt, Komma, Strich
Und hoffe, es gefällt auch Dir –
So schön bin halt nur ich!

Noch eine Tante:

Das Wort »Tante« mag ich nicht.
Es klingt so brav und bieder,
und darauf bin ich nicht erpicht.
Die »*Petra*« bin ich lieber.
Und die sagt Dir ganz locker
vom wohlbekannten Hocker:
Halte stets die Ohren steif,
und denke daran: *life ist life!*

Noch ein älterer Verwandter:

Als ich noch zur Schule ging,
Geschah das mit Geklirr.
Denn an meinem Ranzen hing
Ein altes Kochgeschirr.

Denn damals gab's auf Anweisung
Uns'rer Besatzungsmacht
Die sogenannte Schulspeisung,
Die hat uns satt gemacht.

Heute kommt aus USA
McDonald's und fast food.
Es war schon alles einmal da,
Denn euch schmeckt dies jetzt gut.

Das Bruderherz schreibt so:

Es ist ein altes Vorurteil,
Daß zwischen Bruder und Schwester
Immer steckt ein dicker Keil.
Es ist genau das Gegenteil:
Ich bin ihr Freund, ihr bester.

...oder so:

LIMERICK

Meine liebe Schwester Christine *(Sabine)*
Ist wirklich ‘ne ganz tolle Biene,
Die manchmal auch sticht,
Doch das stört mich nicht
Bei meiner lieben Schwester Christine.

7.

Macht Dich mal die Schule krank

Verse
um Lehrer und Schule

Macht Dich mal die Schule krank,
Brauchst Du den Druidentrank.

Das Schulhaus ist nicht das Problem!
Die Stühle sind doch sehr bequem.
Was uns am Ende schafft,
Das ist die Lehrerschaft!

Sag mir, warum –
Und ich sag' Dir, weshalb –
So ist unser Unterricht.

Ich sage: darum
Ist Deine Bildung nur halb –
Mehr geht in der Penne halt nicht!

Stinkt Dir die Schule wie die Pest,
Sporn die Stiefel und go west!

Gönn Dir im Leben mal 'ne Pause,
Mach zwischendurch 'ne große Sause,
Und laß die Arbeit Arbeit sein!
Sonst bist Du bald ein armes Schwein.

Kommt Dir ein Lehrer überschlau –
Dann mach in seiner Stunde blau!

*

Einen neuen Zauberspruch
Schreibe ich jetzt in Dein Buch:
»Schwefelgelber Feuerstein,
Du sollst so klug wie Einstein sein.«

*

Ich kenne einen
Zauberspruch,
Den schreibe ich jetzt
in Dein Buch:
»Dill und Petersilie –
Sei schön wie eine Lilie!«

---

*

Ich weiß keinen schlauen Spruch,
Drum rate ich für meinen Teil:
Heb Dir beim Pauken keinen Bruch
Und bleib so cool und affengeil

In Mathe bist Du ein Genie,
Fast wie der alte Einstein.
Einen Fünfer schreibst Du nie,
Dir fällt doch jede Formel ein!

*

Einstein war, das ist bekannt,
In der Schule ziemlich mies.
Sein Genie hat man verkannt,
Genau wie Dich – wie fies!

*

Es ist doch wirklich toll,
Daß wir in einer Klasse sind,
Denn oft hab' ich die Nase voll
Und denke: Menschenskind:

Was soll die ganze Penne?
Und schaue dann zu Dir,
Denn wie ich Dich so kenne,
Geht es Dir oft wie mir.

Doch Du bist meistens heiter
Und machst mir immer Mut.
Drum kämpfen wir halt weiter
Und das ist supergut!

Wo gibt es keine schlechten Noten,
Sind alle Lehrer nett?
Wo ist das Spicken nicht verboten,
Der Unterricht im Bett?

Wo gibt es keine Hausaufgaben
Und Ferien ohne End'?
Wo kann man seine Ruhe haben,
Weil jeder Schüler pennt?

Wo ist das alles nicht nur Schaum?
Natürlich nur im Traum!

Albumverse

Wo man hinkommt,
Wo man hinhört,
Überall derselbe Spruch:

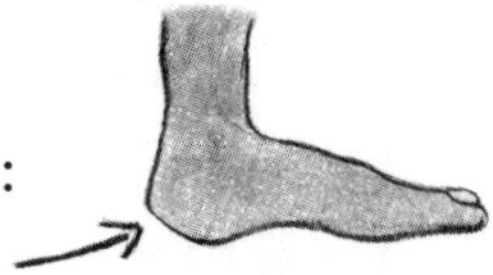

Dieser Hans ist Spitzenklasse –
Er ist reif für's Guinessbuch!

(Im Fußball, Judo, Ballett,
bist Du Spitzenklasse...
Als Neffe, Nichte, Enkel
bist Du Spitzenklasse...)

*

Selbst wenn die Stürme toben,
Trag den Kopf stets oben.

*

Ohne Englisch geht nichts mehr,
Sie ist die Sprache der Welt.
Auch ihr Erlernen ist nicht schwer
Und wer sie kann, verdient viel Geld!

Du bist in keinem Schulfach schlecht.
Mach nur so weiter – dann wird's recht.

*

So ungerecht ist diese Welt:
Im Lotto bringt die Sechs viel Geld,
Doch hast Du sie im Zeugnis steh'n,
Darfst Du nochmal 'ne Runde dreh'n.

*

Die deutsche Sprache ist nicht leicht,
Sie hat so ihre Macken.
Und was der Schüler nicht erreicht,
Muß der Computer knacken.

Schreibt man es groß,
Schreibt man es klein?
Die meisten lernen's nie.
Deutsch kann da nicht mehr
    logisch sein,
Es bleibt 'ne Lotterie.

*

In der Schule gibt es Noten
Und nicht immer viel zu lachen.
Das gehörte gleich verboten,
Doch da kann man halt nichts machen!

*

Bist Du schlau wie Asterix,
Hast Du in Englisch nie 'ne six.

Rätsel

Wer war in der Schule schlecht?
Wer hat trotzdem immer recht?
Wer bringt einem gar nichts bei
Und ist mit Tadel schnell dabei?
Wer ist einfach eine Qual?
Nun rate mal! *Ein schlechter Lehrer*

Du hast es längst geblickt,
Ein bißchen Schlaf erquickt
Am besten in der Biostunde,
Denn da schläft die ganze Runde.

*

Chemie ist Deine Leidenschaft.
Vielleicht übt ein Genie,
Und irgendwann hast Du's geschafft:
Nobelpreis für Chemie.

*

Ich rate Dir,
Lies **Asterix!**
Dann lernst Du auch
Latein ganz fix.

TERRA INCOGNITA

8.

Das wird nur ein Schüttelreim

Schüttelreime

Das wird nur ein Schüttelreim,
Besseres fällt mir nicht ein.
Trotzdem fürcht' ich nicht,
Daß unsere Freundschaft bricht.

*

Für Dorothée

Für dich fällt mir natürlich ein
Ein ganz besondrer Schüttelreim:
Du kannst sehr gut die Pferde hegen,
Bald wirst du eine Herde pflegen.

Ich komm' nicht in das Dichten rein,
Bei mir wird's nur ein Schüttelreim:

Bleib gesund und munter!
Und geht die Welt auch unter,
Dann fliegst Du einfach auf den Mond
Und schaust, ob sich das lohnt.

9.

Ein Limerick klingt immer schick

Limericks

Limericks

Ein Limerick
Klingt immer schick:
Leb' stets diät,
Sonst ist's zu spät,
Und Du wirst
nudeldick!

Mein Bruder ist ganz große Klasse!
Er schlägt all die anderen Asse,
Auch wenn er mal spinnt.
Na, wie Männer halt sind,
Hebt er sich hervor aus der Masse.

*

Ich hatt' einen Lehrer in Mathe,
Der stand nicht ganz auf der Matte.
Ob zwei oder drei
War ihm einerlei –
Sowas ist doch kein Lehrer für Mathe!

*

Im Dichten bin ich wirklich schlecht!
Da gibt mir jedermann auch recht.
Doch der kleine Reim
Fällt mir gerade ein.
Ich komm mir schon vor wie Bert Brecht!

Es lebte in Augsburg ein Schüler,
Der hatte dafür einen Fühler,
Wann es gab eine Ex.
Er schrieb nie eine Sechs,
Weil er auch lernte, der Schüler!

*

Ich plage mich heute so sehr!
Ins Poesiealbum schreiben ist schwer.
Doch für Dich tu' ich alles.
Im Fall eines Falles,
Da plag' ich mich gleich noch viel mehr.

*

Ich wette mit Dir eine Cola,
Du warst noch nie in Angola.
Das mußt Du ändern
Bei all den Ländern,
Die Du sonst kennst – außer Angola.

Es lebte in München ein Lehrer,
Dessen Fehler war ein ganz schwerer:
Er erkannte nie
Dein Mathegenie!
Zu bedauern in München der Lehrer.

Ich hab' eine flippige Schwester,
Die ist überhaupt nicht von gestern.
Sie nervt zwar manchmal,
Doch mir ist's egal:
Ich mag meine flippige Schwester.

Oft ist ein edler Verzicht
Auf ein ganz ödes Gedicht
Ein echter Gewinn.
Drum schreib' ich nur hin:
Ich mag Dich, vergiß das bloß nicht!

*

Ein guter Limerick ist
Ein Gedicht, das man nie mehr vergißt.
Doch braucht man dazu
Geduld wie 'ne Kuh –
Und die wird hier schmerzlich vermißt.

*

Ich wünsche Dir vom Glück
Ein riesengroßes Stück!
Aber auch klein
Ist es noch fein,
Das Stückchen vom großen Glück.

Es sitzt da in meiner Schule
Neben mir auf einem Stuhle
Ein Sprachengenie,
So was gab es noch nie.
Wie schön für mich und die Schule.

Anmerkung:
Statt Sprachengenie auch Mathegenie usw.
Hinter mir ... oder:
Genau vor mir auf dem Stuhle

*

Dein großer schöner Schäferhund
Hält immer fit Dich und gesund,
Denn er braucht wie Du,
Und zwar immerzu,
Bewegung, denn sonst wird er rund.

10.

Bei mir ist es zum Weinen ...

Verse für die,
die nicht dichten können

Ich hab' ein dickes Buch,
Darin steht mancher Spruch.
Doch keiner paßt zu Dir,
Drum dicht' ich diesen hier:

Bleib so lustig und so frech,
Hab immer Glück und niemals Pech.

*

Hätt' ich einen Zauberspruch,
Schrieb' ich ihn jetzt in Dein Buch,
So mußt Du zufrieden sein
Mit diesem kleinen Reim.

DAS POESIEALBUMBUCH
DIE LÖSUNG!
DAS PROBLEM!
mm.-Was könnt ich bloß reinschreiben?
MEINE FREUNDE

Ich zermart're mir das Hirn,
Leg' in Falten meine Stirn
Und was kommt dabei heraus:
Dieser Vers – ich halt's nicht aus!!

*

Du hast es schnell geblickt,
Wie man die Verse strickt.
Bei mir ist es zum Weinen:
Es will sich gar nichts reimen!

Bleib gesund und munter

Dein Gunther

*

Fast immer nur ein Reim,
Das wird doch langsam fad!
Drum schreibe ich Dir ein,
Was ich erfunden hab'!

Ich wün - sche Dir viel Glück

Es ist schon fast zum Weinen,
Bei mir will sich nichts reimen!
Drum wünsch' ich Dir viel Glück
Im rechten Augenblick.

11.

Wie dich, da müßt' es viele geben

Probleme unserer Zeit

Du setzt Dich für die Umwelt ein,
Das find' ich supergut!
Denn oft stehst Du fast ganz allein,
doch bleib am Ball – nur Mut!

Für Dich ist unsre Umwelt wichtig,
Das finde ich auch völlig richtig.
Wie Dich, da müßt' es viele geben,
Dann hätte Zukunft unser Leben.

Das Leben

Dein Vater kam aus der Türkei
Als Gast in unser Land.
Er hatte nicht viel Zeug dabei,
Er trug's mit einer Hand.

Und er war fleißig, sparte viel,
War Maurer auf dem Bau.
Doch braucht der Mensch was für's Gefühl,
Drum holt' er nach die Frau.

Geboren bist Du hier,
Sprichst hochdeutsch, Dialekt,
Und jeder kann's mit Dir,
Und jeder hat Respekt.

*

Wir sind nach Deutschland gekommen,
Man gab uns Arbeit und Brot.
Wir haben es dankbar angenommen,
Denn bei uns herrschte große Not.

Das werde ich nie vergessen,
Auch wenn es uns jetzt gut geht.
Drum danke ich stets beim Essen
Mit einem kleinen Gebet.

Du kämpfst hart gegen Drogen,
Denn Du bist Realist.
Es ist doch glatt gelogen,
Daß Haschisch harmlos ist.

*

Das sagen nur die Dealer,
Doch die sind selber clean.
Wer fixt, ist der Verlierer:
You are a clever teen!

12.

Es sind oft die kleinen Dinge

Ernste Gedichte

Einleitung für einen bekannten Spruch:

Diese Verse stehen schon
In meinem Album drin,
Denn sie haben Tradition
Und sind auch heut' noch »in«:

»Schlägt Dir die Hoffnung fehl,
Nie fehle Dir das Hoffen,
Ein Tor ist zugetan,
Doch tausend steh'n noch offen.«

Friedrich Rückert

LIEBER BENJI

Sei nie verdrießlich,
Doch bescheiden,
Dann mögen Dich
Die andern leiden.

Liebe Jutta

Man hatte uns vertrieben
Aus unserem Heimatland.
Uns war fast nichts geblieben,
Wir trugen's in einer Hand.

Gott hat uns nicht vergessen.
Wir haben es überlebt.
Wir hatten genug zu essen.
Es klingt wie ein Gebet.

*

Glücklich sind nicht die,
Die schlemmen,
Sondern die,
Die geben können!

Auf die erste Seite
Gehört ein ernstes Wort,
Das Dich stets begleite
Bis an den fernsten Ort:

Gib nie die Hoffnung auf,
Bist Du auch fast am Ende,
Das Leben nimmt doch seinen Lauf –
Leg es in Gottes Hände.

»Die letzten werden die ersten sein«,
So lautet ein Bibelspruch.
Darüber schreibe ich gern einen Reim
Auf die letzte Seite im Buch:

Dieses Wort kann doch Hoffnung geben,
Auch wenn Du ganz unten bist –
Es geht immer weiter im Leben.
Ich will, daß Du das nie vergißt.

Arbeit, Fleiß und Sparsamkeit
Sind das Motto jeder Zeit,
Damit der Mensch das Leben schafft
Mit Gottes und mit eig'ner Kraft.

Es sind die kleinen Dinge im Leben:
Ein Lächeln, ein freundlicher Blick –
Die können uns oft eher geben
Ein Stück vom wahren Glück.

Du bist ein Ministrant,
Von denen ist bekannt:
Sie können's kaum erwarten,
Daß in des Pfarrers Garten
Die Äpfel endlich reifen,
Um sich einen zu greifen.

13.

Das Nichtstun ist doch dämlich

Die tollen Typen
um uns herum

Du gehst in meine Klasse,
Ich kann Dich echt gut leiden.
Du bist nicht wie die Masse –
Wie wär's denn mit uns beiden?

Deine Freundin
Katja

Als ich in Deinem Alter war,
Da fand ich ihn schon toll.
Drum find' ich es ganz wunderbar:
Auch Du tanzt Rock 'n' Roll!

Rock 'n' Roll

Manche gammeln so herum
Und liegen faul im Bett.
Du magst den Wirbel um Dich 'rum –
Liebst Tanz und das Ballett.

Du bist mir da ganz ähnlich.
Auch ich brauch' diesen Schwung.
Das Nichtstun ist doch dämlich –
Bewegung hält uns jung!

Aerobic ist Dein Hobby,
Denn das stylt den Body.
Doch wie es so schön heißt:
Vergiß nicht Deinen Geist!

Du bist eine Leseratte,
Liegst bequem auf Deiner Matte,
Ob Regen oder Sonnenschein,
Du ziehst Dir einen Comic rein.

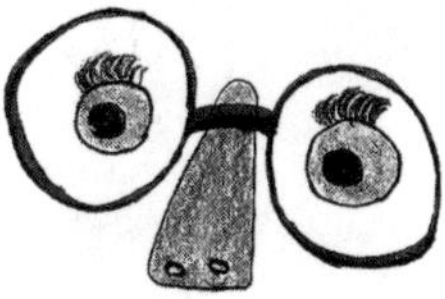

Dein Hobby ist das Lesen,
Und da besonders gern
Von fremden Lebewesen
Auf einem andern Stern.

*

Ich wünsch Dir ’nen Wagen voll Geld.
Mit dem fährst Du dann um die Welt
Und bringst mir von der Reise mit:
Klamotten – richtig ausgeflippt!

Dein Hamster ist ein liebes Tier.
Im Rad, da läuft er oft für vier,
Doch das hält ihn gesund –
Sonst wär′ er kugelrund.

Die Bühne, das ist Deine Welt
So ein echter Dramenheld,
Das ist es, was Dir so gefällt.
(Als Statist kriegst Du noch Geld!)

*

Chaos ist nicht schlimm.
Du brauchst nur Übersicht.
Und bist Du mittendrin,
Vergiß die Ordnung nicht!

Münzen – das ist Deine Welt!
Es geht Dir dabei nicht um Geld.
Nur viele fremde soll'n es sein.
Mein Glückspfennig, der paßt da rein.

*

Die Briefmarken sind Deine Welt,
Du sammelst sie wie Edelsteine.
Für die Mauritius fehlt mir's Geld.
Ich mal' Dir dafür eine!

*

Du bist ein Computerfreak,
Ob Joystick oder Mouse –
Ich glaub', daß ich da richtig lieg '–
Du kennst Dich prima aus!

Einmal ein echtes Ufo seh'n,
Sich mit dem Alien gut versteh'n –
Vielleicht nimmt er Dich auch noch mit?
Das wäre doch der Superhit!

Du suchst mit Deiner Kamera
Dir stets Motive aus,
Die so vielleicht noch keiner sah,
Und das sagt vieles aus

Über Dich und Deine Welt,
Was Dir am Herzen liegt
Und was Dir sonst noch gut gefällt
Und Dir auch etwas gibt.

Ich flippe manchmal wirklich aus
Und dann gibt es auch Krach,
Wenn die Musik dröhnt durch das Haus,
Vom Keller bis zum Dach.

Doch plötzlich singe ich dann mit:
»Sailing« und »Yesterday«
Und manchen andern alten Hit –
And troubles are away!

15.

Andy vor – noch ein Tor!

Sport-Gedichte

Du bist unser bester Stürmer,
Jedesmal triffst Du das Tor.
Und sogar die Regenwürmer
Jubeln schon im lauten Chor:

»Andy vor – noch ein Tor!«

Judo fasziniert doch jeden,
Im Anzug und mit Hut.
So ein Großmaul flach zu legen,
Das tut im Herzen gut.

Das hat keiner noch geschafft –
Nur Du mit Deiner starken Hand!
Und mit einer Riesenkraft
Schießt Du fast Löcher durch die Wand!

*

Mir ist sie einerlei,
Die Bizepszeigerei.
Naja – ein Junge braucht's vielleicht,
Uns Mädchen schon die Schönheit reicht!

Hier der Vers :

Du bist doch nicht Methusalix,
Und Sport ist auch gesund –
Beweg Dich etwas – aber fix,
Sonst wirst Du kugelrund.

Im Armdrücken schlägst Du mich nie.
Dafür bist Du ein Sprachgenie!

*

Jogging ist Dein Hobby,
Bewegung braucht der Body.
Und gute Kondition
Ist dafür dann der Lohn.

Jede freie Minute
Bist Du bei Deiner Stute,
Drum schreib' ich in Dein Buch
Den altbekannten Spruch:

»Auf dem Rücken der Pferde
liegt das Glück dieser Erde!«

Am liebsten fährst Du BMX,
Du kennst da die tollsten Tricks,
Kein Berg ist Dir zu steil,
Dein Hobby ist echt geil.

(Ich wünsch' Dir: bleibe heil!)

*

Du radelst für Dein Leben gern,
Kennst die Umgebung nah und fern,
Tust außerdem was für den Body.
Du hast ein wirklich tolles Hobby!

Wasser ist Dein Element.
Das weiß jeder, der Dich kennt.
Schwimmen wie ein Fisch
Hält Geist und Körper frisch.

16.

… und viele Verse von Kindern

selbst gedichtet
oder ausgewählt

1. Preis

Ein Spruch für's Album ist sehr schwer,
Zu kurz macht er so gar nichts her.
Wird er dagegen seitenlang,
Ist Dir schon vor dem Lesen bang.
Er soll was über Freundschaft sagen,
Was zum Erinnern in späten Tagen.
Drum denk in Freundschaft stets an mich,
Die Dir geschrieben dies Gedicht.

Mara, 13 Jahre

2. Preis

Will man was, ganz stark und fest,
Geht's auch ohne Wunschmaschine.
Selbst ein Schwein lernt Violine,
Wenn es nur nicht locker läßt.

Angelika, 8 Jahre

3. Preis

Verstecken
Be**I**m Schreiben,
Entdecken
Beim **L**esen,
Recht bunt **S**ollst Du's treiben,
Etwas **P**fiffig, etwas lustig,
Manchmal ernsth**A**ft oder toll,
Ist dann da**S** Erraten viel Spaß gewesen,
So ist dieser Ver**S** das, was er sein soll!

Natalie, 13 Jahre

Du ich hab' Dich lieb,
Kommt einmal ein Dieb
Und der will Dich klauen,
Werd' ich ihn verhauen.

Sara, 6 Jahre

Gib nie auf!

Es gibt immer einen Ausweg.
Ein Licht,
Am Ende einer langen Straße
Wird Dir den Weg zeigen.
Jedes Problem, das Du löst,
Wird Dich Deinem Ziel näher bringen.
Du darfst nur nie umkehren
Und nie verzweifeln, denn sonst
Verlierst Du das helle Licht
Aus Deinen Augen.
Das Licht
Wird Dich führen und Dir zeigen,
Daß auch Du Deine Ziele
Verwirklichen kannst.
Gehe Deinen Weg und wehre Dich
Gegen alles, was Dich zweifeln läßt!
Gib nie auf, an Dein Ziel zu glauben.
Du wirst es erreichen! *Daniela*

Wer nie in der Schule meckert,
Sich beim Essen nie bekleckert,
Wer noch nie geschummelt,
Statt zu arbeiten gebummelt,
Wer noch niemals Kirchen klaute,
Oder sonst 'nen Unfug baute,
Ist vielleicht ein Musterknabe
Oder nur ein weißer Rabe.

Joachim, 9 Jahre

Wenn Du eine Pusteblume wärst,
Würde ich Deine Samen
Über die ganze Welt pusten.
So, daß auf ihr bald überall
Deine schönen, sonnengelben Blüten
leuchten.

Hannah

Ich sitze da und denk' an Dich,
Geschrieben hab' ich keinen Strich.
Ich denk' an Dich und sitz' nur da,
Das Blatt bleibt leer – oder fast beinah'.

Eva, 8 Jahre

Sonne im Herzen und Pizza im Bauch,
Dann bist Du fröhlich, und satt bist Du auch!

Alex, 11 Jahre

Heute Morgen um halb acht,
Ja, ich war gerade wach,
Meine Mutter kam herein,
Da fiel mir, o Schreck, Dein Album ein.
Ich hatte es schon tagelang,
Doch echter Freundschaft tut das nichts an!

Christian, 12 Jahre

Den Dingen, mit denen Du
Durch das Schicksal verkettet bist,
Denen passe Dich an.
Und die Menschen mit denen Dich
Das Geschick zusammengestellt hat,
Die habe lieb,
Aber von Herzen!

Kerstin, 14 Jahre

Ob sich Fliegen küssen,
Müssen wir nicht wissen.
Wichtiger für unsereins
Ist nun mal das Einmaleins.

Tanja, 10 Jahre

Barfuß durch die Regenpfützen laufen,
Hundertmal am Tage Eiscreme kaufen,
Bunte Farben an die Häuser malen,
Für ein Luftschloß keine Miete zahlen,
Um die Welt geh'n und zurück,
Das ist Glück.

Daniela, 10 Jahre

Ich habe Dich zum Fressen gern,
So gern wie Schokolade.
Doch fräß' ich Dich, mein kleiner Stern,
Dann wär's um Dich sehr schade.

Maren, 12 Jahre

Es haut der Förster seine Föhren,
Es haut die Magd die Türe zu,
Es haut der Lehrer seine Gören.
In meinem Herzen haust nur Du!

Es spuckt der Bäcker in die Hände,
Es spuckt die Köchin ins Ragout,
Es spuckt der Lausbub in die Wäsche.
In meinem Herzen spukst nur Du!

Es webt die Spinne ihre Netze,
Es webt der Weber ohne Ruh',
Es webt die Nonne bis aufs Letzte.
In meinem Herzen webst nur Du!

Die Made leckt an der Kaldaune,
Es leckt am Regenwurm der Barsch,
Am Honig leckt der Bär, der braune,
Mein Freund! – Leb' wohl, leb' wohl!

Natalie

Möglichkeiten

Du kannst mit Deinen Worten
Andere Menschen trösten
Oder
Sie verletzen.

Du kannst mit Deinen Beinen
Andere Menschen treten
Oder
Auf sie zugehen.

Du kannst mit Deinen Armen
Andere Menschen halten
Oder
Nur die Ellbogen benützen.

Du kannst mit Deinen Händen
Andere Menschen schlagen
Oder
Sie streicheln.
Du kannst!

Cathy

Ich schreib' nicht gern und weiß nicht viel,
Doch bei Dir hab' ich immer das Gefühl,
Bei Sorgen nie allein zu sein,
Drum schreib' ich in Dein Album rein.

Cornelia

Das Leben ist ja manchmal schwer,
Besonders für die Kleinen.
Alle Weisheit hin und her,
Wie gut's die Großen mit uns meinen.
Ob wir Kleinen je auf Erden
Auch mal so weise werden?

Karina, 11 Jahre

WIR WIR WIR WIR **WIR** WIR WIR WIR WIR

SIE
haben ihr ziel umstellt
flammen lodern
menschen schreien

die ANDEREN [redacted]
haben angst – todesangst
doch SIE [redacted]
schlagen gnadenlos brutal
auf die ANDEREN ein.

SIE
bekommen unterstützung
viele stehen dabei – und jubeln

die ANDEREN haben keine andere unterkunft
in ihrem land werden die ANDEREN verfolgt
und hier sind SIE

die ANDEREN können für diesen krieg nichts
und müssen ihn doch kämpfen
keiner hilft den ANDEREN
aber SIE werden mit beifall unterstützt
viele schauen weg – schweigen

SIE beneiden die ANDEREN
wegen des geldes
arbeit – wohnung – geld
deshalb wird ein krieg geführt –
und keiner hilft den ANDEREN

sie töten in diesem krieg
mit molotow-cocktails
mit messerstichen
mit fausthieben
mit worten

und die schuld tragen
WIR *Jens, 15 Jahre*

21. bis 40. Preis

Gibt Dir das Leben einen Puff,
So weine keine Träne,
Lach Dir 'nen Ast
Und setz Dich druff
Und baumle mit de Beene!

Bianka, 12 Jahre

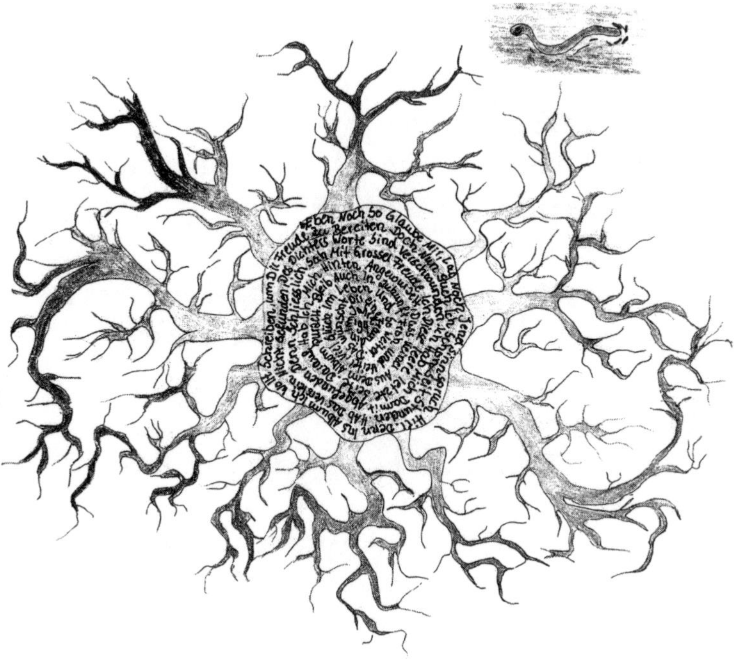

Einmal zum Monde fliegen,
Und einen Stern in den Armen wiegen.

Einmal ein Schiff selber führen,
Und einen Indianer berühren.

Einmal König sein und regieren,
Und mit einem Löwen durch die Straßen
spazieren.

Einmal nicht an die Aufgaben denken,
Und ein ganzes Warenhaus verschenken.

Einmal das schnellste Auto messen,
Und zum Frühstück Honigwaben essen.

Einmal zaubern können Wasser in süßen Wein,
Und einmal für alle unsichtbar sein.

Lena, 12 Jahre

Hexenkraut und Spinnenbein,
Fledermaus und Gallenstein,
Reibe dreimal Deine Glatze,
Beiß in eine junge Katze,
Tu noch etwas Salz hinein,
Und ewig wird Dein Leben sein!

Martina, 13 Jahre

Manchmal ist das Leben wie eine Zugfahrt.
Du schaust aus dem Fenster,
Möchtest den Duft der Wälder aufnehmen,
Die Blumen pflücken, die an Dir vorbeifliegen.
Doch Du sitzt im Zug.

Wenn Du so fühlst,
Solltest Du an der nächsten
Haltestelle aussteigen,
auch wenn Deine Fahrkarte
auf ein anderes Ziel lautet.

Uta, 15 Jahre

Ein Kaktus wollte imponieren,
Ließ sich die Stacheln abrasieren.
Doch da merkte er »O Schreck«,
Das Schönste von ihm war nun weg.
So geht's den Menschen und den Affen,
Drum bleib so, wie Gott Dich geschaffen!

Barbara

Es war einmal ein grauer Spatz,
Der saß ganz oben auf dem Dache
Und unten hielt die Miezekatz'
Schon seit geraumer Weile Wache.

Da sagte sich das Spätzlein keck:
»Mich kann das Biest nicht überlisten!«
Bums, kam ein Habicht um die Eck'
Und holte sich den Optimisten.

So kann es allen denen geh'n,
Die glauben, nur sie wär'n die Schlauen.
Man darf nicht nur nach unten seh'n,
Man muß auch mal nach oben schauen!

Dein Album für Poesie
Zwingt mich in die Knie,
Zwickt mich in die Beine,
Ich finde keine Reime.
Für Dich und Dir und Dein,
Für mich und mir allein,
Für Himmel und für Baum,
Für unser beider Traum.

Kathrin, 15 Jahre

Es gibt Momente, da wünscht' ich,
Ich wäre Sonnenstrahlen für Dich.
Sonnenstrahlen, die Deine Hände wärmen,
Deine Tränen trocknen,
Sonnenstrahlen, die Dich an der Nase kitzeln
Und Dich zum Lachen bringen.
Sonnenstrahlen, die Deine dunklen Winkel
In Deinem Innern erleuchten,
Deinen Alltag in helles Licht tauchen,
Die Eisberge um Dich zum Schmelzen bringen.

Amelie, 11 Jahre

Der Spiegel

Herr Meckermann, Jan Theodor
Hält aller Welt den Spiegel vor.
Er kritisiert, verurteilt scharf,
Lobt oder lästert nach Bedarf,
Ist keiner, den er nicht durchschaut,
Was er entdeckt, das sagt er laut.
Schreit jeden Fehler ins Gesicht –
Jedoch sich selber kennt er nicht!

Melanie, 14 Jahre

Die Freundschaft ist das schönste Band,
Das die Menschheit je erfand.
Ob in der Schule, im Verein,
Zusammen ist's immer schöner als allein.
Man geht zusammen durch dick und dünn –
Und zur Schule, zum Spielen, egal wohin.
Man hält zusammen, das ist klar,
Die Freundschaft ist doch wunderbar.
So bleib' nicht länger mehr allein,
Laß' uns für immer Freunde sein.
Ja, Freundschaft für das ganze Leben,
Danach sollten alle streben.

Carina, 12 Jahre

Es war nur ein sonniges Lächeln,
Es war nur ein freundliches Wort,
Doch scheuchte es lastende Wolken
Und schwere Gedanken fort.

Es war nur ein warmes Grüßen,
Der tröstende Druck einer Hand,
Doch schien's wie die leuchtende Brücke,
Die Himmel und Erde verband.

Ein Lächeln kann Schmerzen lindern,
Ein Wort kann von Sorge befrei'n,
Ein Händedruck Sünde verhindern
Und Liebe und Glaube erneu'n.

Es kostet Dich wenig, zu geben –
Wort, Lächeln und helfende Hand,
Doch arm und kalt ist Dein Leben,
Wenn keiner solch' Trösten empfand.

Ulrike, 13 Jahre

GEDICHT

Im glühend heißen Wüstensand
Spazierte mal ein Elefant.
Er wollt 'ne Limonade,
Im kalten Bade,
Doch durfte er sich – des Reimes wegen –
Nur in den Schatten legen!

Verena

Du bist anders als ich, ich bin anders als Du.
Gehen wir aufeinander zu, schauen uns an,
erzählen uns dann,
Was Du gut kannst, was ich nicht kann,
Was ich so treibe, was Du so machst,
Worüber Du weinst, worüber Du lachst,
Ob Du Angst spürst bei Nacht,
Welche Sorgen ich trag', welche Wünsche
Du hast,
Welche Farben ich mag, was traurig
mich stimmt,
Was Freude mir bringt,
Wie wer was bei Euch kocht, wer was wie
bei uns singt...
Und plötzlich erkennen wir – waren wir blind?
Daß wir immer uns äußerst ähnlich sind.

Susanne, 13 Jahre

Oft führ' man gern aus seiner Haut,
Doch wenn man forschend um sich schaut,
Erblickt man ringsum lauter Häute,
In die zu fahren auch nicht freute.

Nadine, 12 Jahre

Alles, was uns wirklich nützt,
Ist für wenig Geld zu haben.
Nur das Überflüssige kostet viel.

Christiane, 9 Jahre

Ich kenne jemand, den ich mag,
Und wenn ich Dir jetzt leise sag',
Daß Du dieser Jemand bist,
Hoff' ich, daß Du's nicht vergißt.

Vera, 10 Jahre

Glück, das wünsch' ich Dir,
Das ist wichtig –
Und im Lotto alles richtig.
Um das Geld auch auszugeben,
Wünsch' ich Dir ein langes Leben.

Linda

Die Schule ist in erster Linie dazu da,
Den Guten wie den Bösewichtern,
Den Lehrstoff quasi einzutrichtern;
Allein – so ist's nun mal hinieden,
Die Geistesgaben sind verschieden.

Mit Löffeln, ja, sogar mit Gabeln
Frißt Betty die englischen Vokabeln;
Karli hat aber erst nach Stunden
Die Wurzel aus der Vier gefunden.

Und doch! Karli, als dumm verschrien
Wird Chef – und man bewundert ihn,
Und Betty, in Uniform gezwängt,
Steht an der Drehtür und empfängt.

Und braucht in Englisch höchstens dies:
»Good morning, Sir« und manchmal: »Please!«
Hieraus ersieht der Dümmste klar,
Daß der, der »dümmer«, klüger war!

Jörg, 9 Jahre

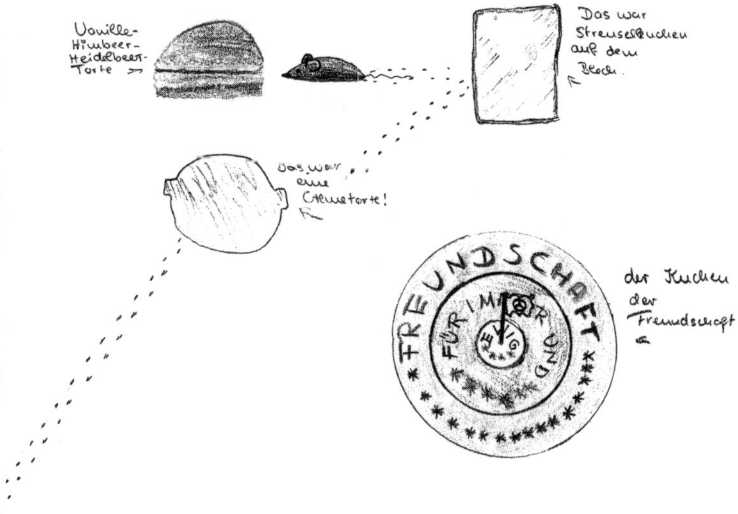

Es lebte in unserem Keller zu Mutters Graus
Eine kleine Maus.
Sie fraß aus der Speisekammer
Allen Kuchen auf, oh Jammer!
Den Kuchen der Freundschaft,
Ihn ließ sie stehen,
Ganz so, als hätte sie ihn übersehen.
Iß Du auch unseren Kuchen der Freundschaft
nicht alleine auf,
Teil ihn mit mir, sonst ist's mit unserer
Freundschaft aus!

Verena, 12 Jahr

Ich wünsche Dir Zeit!

Ich wünsche Dir nicht alle
möglichen Gaben,
Ich wünsche Dir nur, was die meisten
nicht haben.
Ich wünsche Dir Zeit, Dich zu freu'n
und zu lachen,
Und wenn Du sie nutzt, kannst Du etwas
draus machen.

Ich wünsche Dir Zeit für Dein Tun
und Dein Denken,
Nicht nur für Dich selbst, sondern auch
zum Verschenken.
Ich wünsche Dir Zeit, nicht zum Hasten
und Rennen,
Sondern die Zeit zum Zufrieden-sein-Können.
Ich wünsche Dir Zeit, nicht nur so
zum Vertreiben,
Ich wünsche, sie möge Dir übrig bleiben.
Als Zeit für das Staunen und Zeit
für Vertrauen,
Anstatt nach der Zeit auf der Uhr
nur zu schauen.

Ich wünsche Dir Zeit, nach den Sternen
zu greifen,
Und Zeit, um zu wachsen, das heißt,
um zu reifen.
Ich wünsche Dir Zeit, neu zu hoffen,
zu lieben.
Es hat keinen Sinn, diese Zeit
zu verschieben.

Ich wünsche Dir Zeit, zu Dir selber
zu finden,
Jeden Tag, jede Stunde als Glück
zu empfinden.
Ich wünsche Dir Zeit, auch um Schuld
zu vergeben.
Ich wünsche Dir, Zeit zu haben
zum Leben.

H. Hopmann, 15 Jahre

Ich wünsche Dir auf dieser Welt
10 000 Taler bares Geld,
Gold, Silber, Diamanten
Und 20 reiche Tanten.

Iris

Ob Du schwarz bist oder weiß,
Ob Du arm bist oder reich,
All das soll uns niemals trennen,
Wir woll'n uns immer Freunde nennen.

Hanna, 12 Jahre

Mit Dir würde ich um die Ecke spazieren,
Mit Dir würde ich am Nordpol frieren,
Mit Dir würde ich durch's Feuer gehen,
Unsere Freundschaft soll immer bestehen.

May

Trenne dich niemals von Deinen Illusionen.
Wenn sie verschwunden sind,
Wirst Du weiter existieren,
Aber aufgehört haben zu leben.

Sylvia, 16 Jahre

Und wenn Du Dich mal einsam fühlen solltest,
Denk an diesen Spruch:
Für die ganze Welt bist Du irgendjemand,
Doch für irgendjemand bist Du die ganze Welt.

Antje, 14 Jahre

Seifenblasen, rohes Ei,
Gehen – ach so schnell – entzwei.
Aber unsere Freundschaft hält,
Bis die Welt in Stücke fällt.

Ingrid, 11 Jahre

Wo kämen wir hin, wenn alle sagten:
»Wo kämen wir hin?«
Und niemand ginge, um zu schauen,
Wohin man käme, wenn man ginge!

Kerstin, 16 Jahre

Hast Du manchmal schon am Morgen
Ängste, Kummer oder Sorgen,
Dann frag bei den Freunden an,
Ob Dir einer helfen kann.
Denn ein Freund teilt auch die Sorgen,
Ist bereit, Dir Mut zu borgen,
Und verläßt ihn einmal das Glück,
Dann gib ihm den Mut zurück.

Benjamin

Ein Blatt ist kein Baum,
Ein Körnchen kein Sand,
Ein Tröpfchen kein Meer,
Drum gib mir die Hand.

Einer allein kann sich fürchten,
Einer allein hat es schwer,
Alle zusammen sind wir
Wie der Baum, der Sand und das Meer!

Diana, 12 Jahre

Je froher Dein Herz ist,
Desto heller leuchtet die Sonne.

Monika, 8 Jahre

Wenn Du eine Pechsträhne hast,
Färbe sie Dir einfach blond.

Tobias, 9 Jahre

Viel lernen macht Dich nur gescheiter,
Mit Herzensgüte aber kommst Du weiter.

Manuel, 11 Jahre

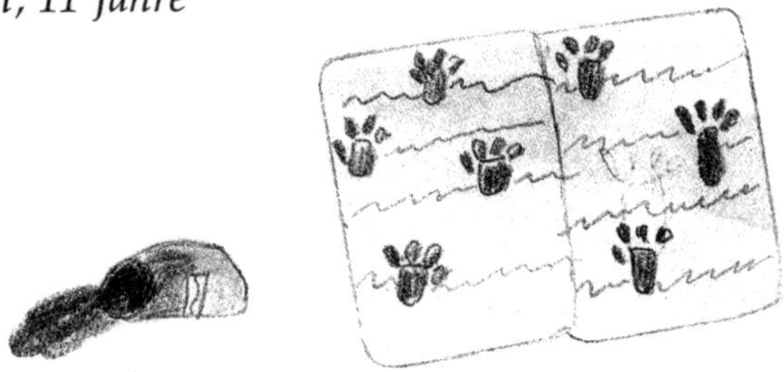

Merke Dir in jedem Fall,
Gleich dem Huhn im Hühnerstall,
Bist Du noch so froh bewegt,
Gack're erst, wenn's Ei gelegt.

Annika, 9 Jahre

Daß ich Dir neu bin, ist einerlei.
Ein jeder alte Freund war einmal neu.
Nur, schau den neuen Freund gut an,
Ob einst aus ihm ein alter werden kann.

Ruth, 11 Jahre

Wer Freunde ohne Fehler sucht,
Bleibt ohne Freund!

Thomas, 13 Jahre

Gott schenkt Dir das Gesicht,
Lächeln mußt Du selber.

Anja, 12 Jahre

Ins Album schreib' ich Dir:
Zwei und Zwei ist Vier,
Zwei Köpfe und zwei Herzen,
Vier Fäuste ohne Schmerzen,
Vier Füße und vier Hände,
Uns're Freundschaft, die spricht Bände.

Christian

Wir alle sind als Lichter
In diese Welt gestellt,
Ein kleines Licht nur jeder,
Wie hell wär' da die Welt.

Christina, 15 Jahre

Wenn wir fehlerfrei wären,
Würde es uns nicht so viel
Vergnügen bereiten,
Sie an anderen festzustellen.

Stefanie, 9 Jahre

Die verdrossenen Grübler rechten:
»Jeder Tag liegt zwischen zwei Nächten.«
Doch die heiteren Weltkinder sagen:
»Jede Nacht liegt zwischen zwei Tagen.«

Marziah, 12 Jahre

Mach es wie der Laubfrosch Otto,
Welcher lebte nach dem Motto:
»Von ganz oben auf der Leiter
Sieht man alles froh und heiter.«

Viola, 10 Jahre

Wende Dein Gesicht immer der Sonne zu,
Dann fallen die Schatten hinter Dich.

Marit

Nicht was Du bist, ist's, was Dich ehrt,
Wie Du bist, bestimmt den Wert.

Miriam, 13 Jahre

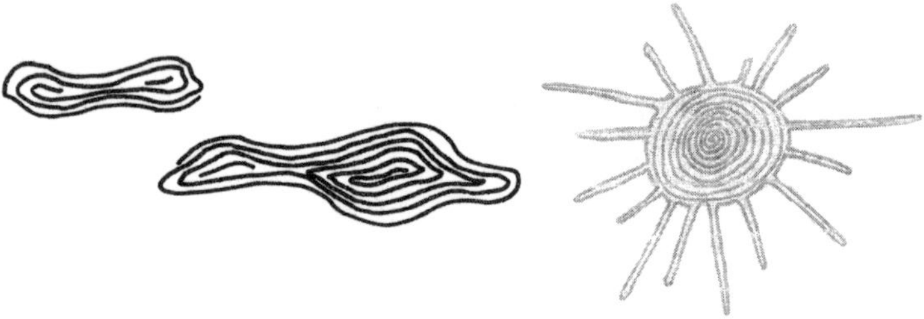

Niemand ist so arm,
Daß er nicht für einen noch Ärmeren ein Sonnenstrahl,
Ein Lebenslicht werden könnte,
Niemand so reich,
Daß er nicht beides bräuchte.

Roswitha, 16 Jahre

Um gute Dinge zu lernen,
Genügen tausend Tage nicht,
Um schlechte zu lernen,
Ist eine Stunde schon zu viel.

Stefanie, 10 Jahre

Vögel, die nicht singen,
Glocken, die nicht klingen,
Pferde, die nicht springen,
Pistolen, die nicht krachen,
Kinder, die nicht lachen –
Was sind *das* für Sachen?

Anna, 11 Jahre

LEBENSKLUGHEIT bedeutet:
Alle Dinge möglichst wichtig,
Aber keines völlig ernst zu nehmen.

Julia, 9 Jahre

Auch die Fische des Königs haben Gräten.

Annika, 12 Jahre

Und wenn ich auch wüßte,
Daß morgen die Welt unterginge,
So würde ich doch heute
Ein Apfelbäumchen pflanzen.

Christina, 13 Jahre

Freundschaft ist,
Wenn Dich einer für gutes Schwimmen lobt,
Nachdem Du beim Segeln gekentert bist.

Rebecca, 13 Jahre

Fürchte Dich nicht vor dem langsamen
Vorwärtsschreiten –
Fürchte Dich nur vor dem Stehenbleiben.

Anke, 10 Jahre

Gutes Herz,
Langes Leben,
Übermut und ganz viel Segen,
Cola und ein
Kuchenstück,
!Alles dies bedeutet GLÜCK!

Sandra, 13 Jahre

Alle reden über Frieden,
Aber keiner tut etwas.
Starke Worte helfen wenig,
Eine Tat, die ist ein Schatz.

Gudrun, 11 Jahre

Niemals fürchte jene,
Die anderer Meinung sind.
Nur vor jenen habe ein Grauen,
Die zu feige sind,
Ihre Meinung zu verraten.

Christiane

Ein ungestörtes Glück verlangen,
Heißt Mondeslicht mit Netzen fangen,
Den Sonnenstrahl mit Ketten fesseln
Und Rosen fordern von den Nesseln.

Stefanie, 12 Jahre

In jeder Minute, die Du im Ärger verbringst,
Versäumst Du sechzig Sekunden
Deines glücklichen Lebens.

Saskia, 11 Jahre

Mensch sein heißt – verstehen lernen,
Daß ein jeder,
Ob schwarz, ob weiß, ob rot, ob gelb,
Egal ob arm, ob reich,
Geboren hier oder am End' der Welt,
Egal ob immer gesund gewesen,
Oder ob ganz schrecklich krank,
Ein Recht hat auch als Mensch zu leben –
Nicht verhöhnt und nicht verdammt.

Nadja, 13 Jahre

Lebens-Aufgabe

Alles, was du hast
\+ alles, was du willst
– alles, was du nicht kriegen kannst

= Neid und Haß

Beantworte ehrlich:
Besteht *daraus* dein Leben?

Teresa, 13 Jahre

Wie schön wäre das Leben,
Wenn sich alle Menschen
Verstehen würden.
Nicht nur ein klein wenig,
Sondern ganz und gar.
Nicht nur ab und an,
Sondern immer.
Nicht nur hier und da,
Sondern überall.

Du hilfst doch mit!?

Mareike, 13 Jahre

Werde, was Du noch nicht bist,
Bleibe, was Du jetzt schon bist.
In diesem Bleiben und diesem Werden
Wünsch' ich Dir viel Glück auf Erden.

Jennie, 14 Jahre

Es gibt keine Leute, die nichts erleben,
Es gibt nur Leute, die nichts davon merken!

Jochen, 11 Jahre

Ohne Arbeit früh und spät
Wird Dir nichts geraten.
Neid sieht nur das Blumenbeet,
Aber nicht den Spaten.

Klaus

Wie auch das Los des Lebens fällt,
Dank denen, die Dich heiter machen,
Nichts ist gesünder auf der Welt,
Als ab und zu sich krank zu lachen.

Katharina, 11 Jahre

Statt jeden, der lacht, zu beneiden,
Am Neid dann Tag und Nacht zu leiden,
Sich Kummer, weil man litt, zu machen,
Ist's besser, selbst gleich mitzulachen.

Eveline, 14 Jahre

Die meisten Künste erfordern langes Studium.
Aber die nützlichste von allen Künsten,
Die Kunst, Menschen eine Freude zu machen,
Setzt nichts voraus
Als den Wunsch.

Katharina, 11 Jahre

Ein Weg ohne Blumen ist öde und leer
Und ungern nur wird man ihn gehen.
Wie schön ist das Leben,
Wenn rings um uns her wir farbige
Blütenpracht sehen.
Drum wünsch' ich von Herzen,
Mög' blühendes Leben Dich immer umgeben.

Esther

Dein Gesichtsausdruck ist wichtiger
als Deine Kleider.

Christine, 16 Jahre

Um ein böses Gesicht zu machen,
Mußt Du fünfundsechzig Muskeln anstrengen;
Um zu lächeln, brauchst Du nur zehn.
Überanstrenge Dich nicht!

Valeria

Katze hat ein Mäuslein bracht,
Frauchen ist ihr gut,
Als sie aber's Hühnchen frißt,
Kommt die Frau in Wut.
Katze sagt: »Warum denn nicht?,
Piepst doch auch ganz fein! –
Darf denn eine Katze nicht
auch mal menschlich sein?«

Stefanie, 10 Jahre

Wer beide Augen offenhält,
Dem wird im Leben manches glücken.
Doch noch besser geht es dem,
Der es versteht, eins zuzudrücken.

Magdalena, 15 Jahre

Viele Menschen versäumen das kleine Glück,
Weil sie auf das große vergeblich gewartet
    haben.

Sven, 13 Jahre

Nenn Dich nicht arm,
Weil Deine Träume nicht in Erfüllung
    gegangen sind.
Wirklich arm ist nur, wer nie geträumt hat.

Christine

Wir bleiben immer Kinder,
Und so klug wir auch werden mögen,
Wir behalten immer die Lust,
Mit scharfen Messern und
Spitzen Scheren zu spielen.

Anne, 11 Jahre

Ohne Phantasie wäre das Leben
Wie ein Garten ohne Blumen.

Isabel

Viele kleine Leute an vielen kleinen Orten,
die viele kleine Dinge tun,
werden das Angesicht der Erde verändern.

Edith, 14 Jahre

Die großen Augenblicke des Lebens,
Im guten wie im bösen Sinne,
Sind die, in denen wir getan haben,
Was wir uns nie zugetraut hätten.

Sonja, 15 Jahre

Bei den Menschen ist es wie bei einer Nuß.
Nicht auf die Schale muß man achten,
Sondern auf den Kern.

Benedikt, 12 Jahre

Der Mensch ist mit nichts zufrieden
auf der Welt –
ausgenommen mit seinem Verstand.
Je weniger er hat, desto zufriedener.

Helena, 12 Jahre

So wie die Pinguine leben,
In Fried' und Einigkeit,
So wünsch' ich Dir Dein Leben –
Voll Zufriedenheit.

Kristin, 11 Jahre

Folgende Kinderzeichnungen wurden aus dem »Stafette«-Wettbewerb für dieses Buch verwendet:

Seite 1 Rosmarie Baumann, Dietramszell. S. 2 Kathrin Schmitt, Seinsheim. S. 3 Petra Schmidt, Kulmbach. S. 9 Sarah Koßurok, Obermaßfeld/Andrea Stanglmaier, Freising. S. 10, 114 Severine Weber, Rheinzabern. S. 11 Nicole Heßedenz, Saarwellingen. S. 12 Eva-Maria Henrich, Stangenroth/Irena Popolla, Gechingen. S. 13 Daniela Christ, Eppstein. S. 14 Annabell Paoli, Rödelse/Maike Tegelhütter, Bersenbrück. S. 15 Daniela Bittner, Karlsruhe. S. 16 Olga Tang, Sigmaringen. S. 17 Kathrin Walenta, Nürnberg/Jana Thiemann, Cottbus. S. 18 Rosmarie Baumann, Dietramszell. S. 19 Tatjana Schwarz, Uchtelfangen. S. 20 Lilli Kiefel, Emden/Rebecca Kethers, Gornhausen. S. 21 Stefanie Baur, Laupheim. S. 22 Susanne Zippe, Amberg/Kathleen Claus, Großobersdorf. S. 23 Jessica Thielemann, Hildesheim. S. 24 Judith Frenken, Heinsberg. S. 25 Michaela Schmid, Esting. S. 26 Katharina Klein, Weiskirchen/Stephanie Diermeier, Schierling. S. 27 Stefan Thalmeyer, Bad Kohlgrub. S. 28 Melanie Kaucevic, Mainz. S. 29, 41 Patricia Juppe, Augsburg. S. 30 Jennifer Baraniak, Pollanten. S. 31 Diana Masson. S. 32 Johanna Stab, Sommerkahl. S. 36 Jana Lehmann, Grünewalde. S. 37, 64 Andrea & Barbara Rankl, Regenstauf. S. 39 Maria Pohl, Thurm/Christina Bergmann, Selzen. S. 40 Jana Britze, Langengrossau. S. 43 Sonja Stenger, Knopp-Labach. S. 44 Stephanie Intorp, Halstenbek. S. 45 Mareike Penderock, Rheinbach. S. 46, 57 Verena Schulze-Nicolai, Eppingen. S. 48 Bettina Inderbitzin, Merenschwan (Schweiz). S. 49 Melanie Krautz, Bocholt. S. 50 Katrin Lotter, Hausen. S. 51 Pia Ensinger, Oberhaching. S. 52 Julia Barnert, Bayreuth. S. 55 Gabriela Llisterri Glück, Valencia (Spanien). S. 56 Nadine Grünner, Bamberg. S. 57 Anika Lisker, Hohenmölsen. S. 59 Julia Richter, Haldensleben. S. 60 Christiane Kratz, Elmstein/Nicole Gebhardt, Weimar. S. 61 Bianca Fischer, Köllerbach. S. 63 Carolin Barlage, Damme. S. 66 Daniel Daschner, Pölling. S. 67 Verena Netter, Gaimersheim. S. 68 Melanie & Nadine Braun, Laatzen/Julia Staubach, Düsseldorf. S. 69 Isabel Hauser Fraureuth. S. 70 Silvia Dölling, Cloppen-burg. S. 71 Claudia Kluth/Silvia Burkard, Bühl-Moos. S. 72, 73 Silvia Burkard, Bühl-Moos. S. 74 Andreas Lücke, Uetersen/Christina Guzmán, Essen. S. 75 Katja Tründelberg, Kalkwitz. S. 76 Caroline Sander, Pader-born/Judith Frenken, Heinsberg. S. 77, Judith Frenken, Heinsberg. S. 78 Judith Frenken, Heinsberg/Diana Schmidl, Bad Schwalbach. S. 79 Kerstin Minsinger, Siegertsbrunn. S. 80 Andreas Kern, Calw-Alzenberg. S. 81 Thomas Juppe, Augsburg/Sabine Bauer. S. 82 Nicole Rinck, Landau/Franziska Pietsch, Parsdorf. S. 83 Stefanie Rückert, Ahaus. S. 84 Amelie Deffner, Esslingen/Katrin Zier, Machtilshausen. S. 85 Angelika Ziemlich, Aschaffenburg. S. 86 Anja Singer, Langerringen. S. 87 Marianne Fuchs, Oer-Erkenschwick. S. 88 Christa Juppe, Augsburg. S. 89 Antonie & Franziska Richter, Leipzig. S. 91, 126 Melanie Möhn, Trier. S. 95 Jana Schneider, Rennerod. S. 96 Claudia Hornbogen, Weimar. S. 99 Angela Haury, Freiburg. S. 101 Nadja Mack, Neubeuern. S. 102, 109, 121 Regina Wilhelm, Carpin. S. 105 Verena Lemke, Gehrden. S. 107 Michael Wald, Hilders. S. 108 Anja Schmidt, Schönwald. S. 111 Franziska Müller, Jirsingen/Inga Leerhoff, Würselen. S. 112 Rachel Howlett, Fischbach. S. 113 Christina Honner, Mittelsinn. S. 116, 117 Vera. S. 119 Neele Alfs, Hude. S. 120 Thomas Juppe, Augsburg. S. 123 Stefanie Roll, Benndorf. S. 124 Stefanie Groß, Rastatt. S. 127 Lea Johanna Schuster, Wettin.

Auch wenn Verlag und Autoren sich bemüht haben, alle Urheberrechte bei den von Kindern eingesandten Versen zu beachten: Irren ist menschlich, und wir können einmal etwas übersehen haben. Ist dies der Fall, geschah es ohne böse Absicht. Rechtmäßige Ansprüche werden selbstverständlich abgegolten.